BEI GRIN MACHT SICH IHR WISSEN BEZAHLT

- Wir veröffentlichen Ihre Hausarbeit,
  Bachelor- und Masterarbeit

- Ihr eigenes eBook und Buch -
  weltweit in allen wichtigen Shops

- Verdienen Sie an jedem Verkauf

Jetzt bei www.GRIN.com hochladen
und kostenlos publizieren

Karate-Lehrbuch für Kinder und Jugendliche. Seminar 1

Grundlagen für meine ersten Karatestunden

Daniel Steffen

Bibliografische Information der Deutschen Nationalbibliothek:

Die Deutsche Nationalbibliothek verzeichnet diese Publikation in der Deutschen Nationalbibliografie; detaillierte bibliografische Daten sind im Internet über http://dnb.d-nb.de abrufbar.

ISBN: 9783668572713
Dieses Buch ist auch als E-Book erhältlich.

Das Buch bei GRIN: https://www.grin.com/document/380522

Grundlagen für meine ersten Karatestunden

Karate – Lehrbuch Seminar 1

für Kinder und Jugendliche

Erstellt: D.Steffen

Inhaltsverzeichnis

1. Grundlagen

1.1 Erklärungen Japanische Grundbegriffe

Deutsch	Japanisch
Eins	Ichi
Zwei	Ni
Drei	San
Vier	Shi
Fünf	Go
Sechs	Roku
Sieben	Shichi
Acht	Hachi
Neun	Ku
Zehn	Ju
Achtung	Yoi
Angrüßen (Beginnen)	Rei
Augen zu	Mokuso
Augen auf	Mokuso Name
Anfangen	Hajime
Yame	Aufhören
Wendung	Mawate
Untere Stufe (Körper)	Gedan
Mittlere Stufe (Körper)	Chudan
Obere Stufe (Körper)	Jodan
Trainingsraum	Dojo
Trainer/in	Sensei
Gruß zum Trainier/in (Schwarzgurt)	Sensei-ni-rei
Gruß zum Trainier/in (Farbgurt)	Senpei-ni-rei
Meistergrad	Dan
Schülergrad	Kyu
Weiß	Shiro
Rot	Aka
Stellung einnehmen	Kamaete

Links	Hidari
Rechts	Migi
Entspannen	Naote
Kampf	Kumite
Grundschule	Kihon
Gürtel	Obi
Karateanzug	Gi
Fauststoß	Tsuki
Abwehren	Uke
Fußtritt	Geri
Moment höchster Anspannung	Kime

1.2 Dojo-Regeln

Wie verhalte ich mich im Dojo?

Hallo liebe Karateka,

Nun hast du dich entschlossen mit dem Karate-Training zu beginnen. Hierfür musst du die aufgeführten Regeln beherzigen:

Regel 1:

Karate-Do ist kein Sport, um seine Kräfte zu beweisen.

Regel 2:

Im Karatetraining wird nicht nur mit dem Körper, sondern auch mit dem Geist trainiert.

Regel 3:

Vor jedem Training achte darauf, deine Füße, Finger- sowie Zehennägel saubere und kursgeschnitten sind. Wenn deine Kopfhaare zu lang sind müssen diese durch ein Stirnband gehalten werden. Zum Training gehören neben der Körperpflege ein sauberer Karate-Gi (Karate-Anzug) und der passende Karate Gürtel (Obi).

Regel 4:

Um besser zu werden besuche Regelmäßig und Pünktlich deine Trainingsstunde. Konzentriere dich während deiner Unterrichtsstunde auf die Übungen und verhalte dich diszipliniert.

Regel 5:

Behandele Deine Trainingspartner/innen respektvoll und fair.

1.3 Grundlagen Ausgangsstellungen

Karate Ausgangsstellungen

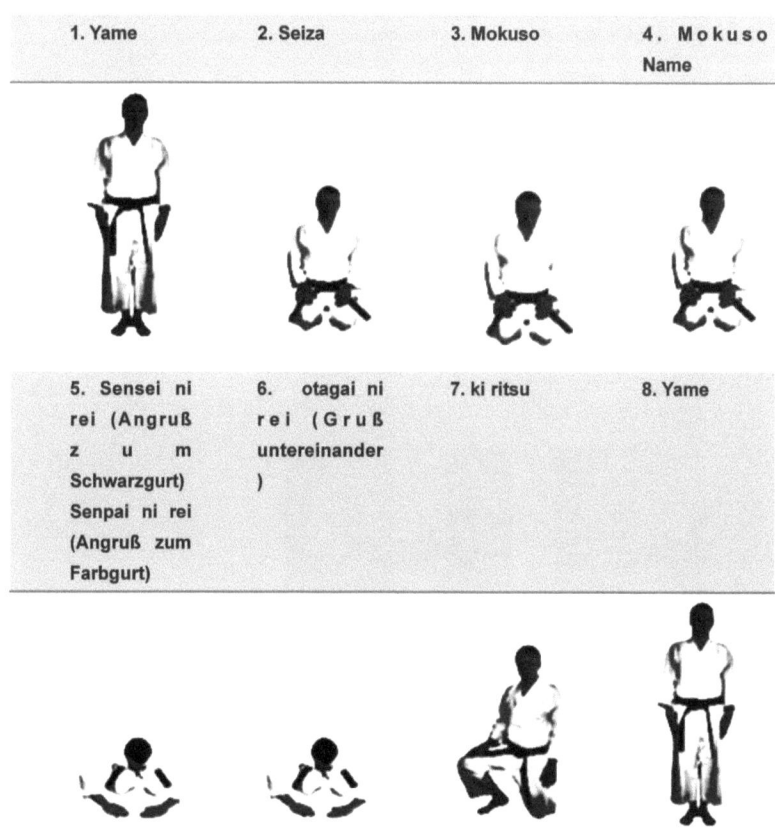

1. Yame	2. Seiza	3. Mokuso	4. Mokuso Name

5. Sensei ni rei (Angruß zum Schwarzgurt) Senpai ni rei (Angruß zum Farbgurt)	6. otagai ni rei (Gruß untereinander)	7. ki ritsu	8. Yame

1.4 Grundlagen Gürtel (Obi) binden

Das Binden des Gürtels (OBI)

Man nimmt ein Ende des Gürtels in die linke Hand (Bild 1),
hält es sich an die linke Seite (Bild 2) und
bindet sich nun das lange Ende mit der rechten Hand zweimal um den Bauch (Bild 3).

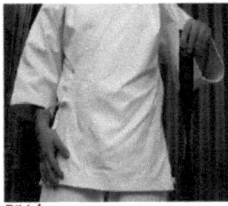
Bild 1

Bild 2

Bild 3

Als nächstes wird das vorher lange Ende von unten durch den um den Bauch gewickelten
Gürtel hindurch nach oben geschoben (Bild 4).
Das andere Ende an der linken Seite wird nach unten geschoben (Bild 5).

Bild 4

Bild 5

Das nun nach oben zeigende Ende wird auf das nach unten hängende Ende gelegt (Bild 6) und
anschließend von unten her durch die entstandene Öffnung durch- und fest gezogen (Bild 7).
Dabei sollte darauf achtet werden, dass die Enden nun gleich lang nach unten hängen Bild 8).

Bild 6

Bild 7

Bild 8

1.5 Kyu Grade

Im Karate gibt es verschiedene Gürtel (Kyu-Grade) untenstehend eine Tabelle zur Übersicht.

9.Kyu	Weißgurt
8. Kyu	Gelbgurt
7. Kyu	Orangegurt
6. Kyu	Grüngurt
5. Kyu	Blaugurt
4. Kyu	Violettgurt
3. Kyu	Braungurt
2. Kyu	Braungurt
1. Kyu	Braungurt
1. Dan	Schwarzgurt
2. Dan	Schwarzgurt
3. Dan	Schwarzgurt
4. Dan	Schwarzgurt
5. Dan	Schwarzgurt
6. Dan	Schwarzgurt
7. Dan	Schwarzgurt
8. Dan	Schwarzgurt
9. Dan	Schwarzgurt
10. Dan	Schwarzgurt

1.6 Grundlagen Körper Stufen

Gedan   =>   untere Stufe (von der Gürtellinie)
Chudan   =>   mittlere Stufe (Oberkörper)
Jodan   =>   obere Stufe (Kopf und Hals)

1.7 Allgemein Grundlagen (Kihon)

Kihon heißt übersetz Grundschule und stellt die erste Säule im Karate dar. Im Kihon werden die Techniken ohne Partner erlernt. Zuerst geschieht dieses durch das üben von Einzeltechniken. Im späteren Verlauf werden aus den Einzeltechniken Kombinationen. Im Kihon erlernt man die Gundstellungen, das Tai Sabaki, die Tsuki Waza , die Uchi Waza (im Schwarzgurt Bereich), die Keri Waza (Beintechniken) und die Uke Waza (Abwehr- techniken). Weiterhin werden hier zum Beispiel die Eigenschaften wie, die richtige Körperhaltung, die Kraft und deren richtiger Einsatz, die Ausdauer, die Konzentration, die Geschwindigkeit, der Rhythmus, das richtige Atmen, und das richtige einsetzen der Hüften erlernt.

Kombinationen

Eine Kombination sind aneinandergereihte Techniken, die mit maximaler Geschwindigkeit ausgeführt werden, wobei man versucht möglichst viel Weg zu machen. Bei höheren Gürtelgraden sind Kombinationen auch Bestandteil der Prüfungen.

1.8 Allgemein Grundlagen (Kumite)

Kumite oder auch Partnertraining kann aus vorher abgesprochenen Techniken mit vorgeschriebener Abwehr oder aus ganz freiem Kampftechniken bestehen. Es wird meistens ohne Kontakt am Kopf, und mit leichtem Kontakt im Chudan Bereich gekämpft. Gekämpft wird mit Faustschützern, Tiefschutz und Zahnschutz.

2. Stände im Karate

2.1 Zenkutsu Dachi (Grundstellung)

Im Zenkutsu Dachi ist das Hauptgewicht des Körpers auf dem vorderen Standbein. Das vordere Bein ist hierbei sehr stark gebeugt. Der Unterschenkel steht senkrecht, der hintere Fuß ist etwas nach innen gerecht. Das hintere Bein im Zenkutsu Dachi ist ein wenig eingeknickt um Flexibel zu reagieren, der Fuß zeigt so weit wie möglich nach vorne um die Kraft nach vorne zu bringen.

Zenkutsu Dachi (Seitenansicht)	Zenkutsu Dachi (Frontansicht)

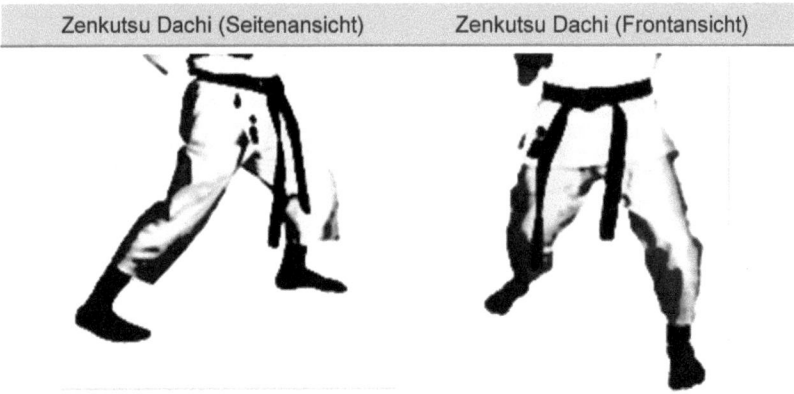

Merke: Während der Stellung und im Vorgehen sind beide Füße fest auf dem Boden.

2.2 Kokutsu Dachi

Beim Kokutsu Dachi ist das Hauptgewicht des Körpers auf dem hinteren Bein. Das hintere Bein ist leicht angewinkelt und der Fuß zeigt nach außen. Das vordere Bein ist ebenfalls angewinkelt und der Fuß zeigt nach vorne. Die Hüfte / Körper ist im Kokutsu Dachi ganz abgedreht. Häufig wird Kokutsu Dachi als Stand für Shuto Uke angewendet. Bei der Wendung werden nur die Füße gedreht und das Gewicht entsprechend verlagert.

Kokutsu Dachi (Seitenansicht)   Kokutsu Dachi (Frontansicht)

2.3 Kiba Dachi

Kiba Dachi wir auch Reiterstellung oder Seitwärtsstellung genannt. Bei dieser Stellung liegt das Körpergewicht genau in der Mitte und die Unterschenkel stehen senkrecht. Die Zehen beider Füße zeigen nach vorne. In abgewandelter Form kommt der Kiba Dachi in der Kata Naihanchi vor.

Kiba Dachi (Seitenansicht)	Kiba Dachi (Frontansicht)

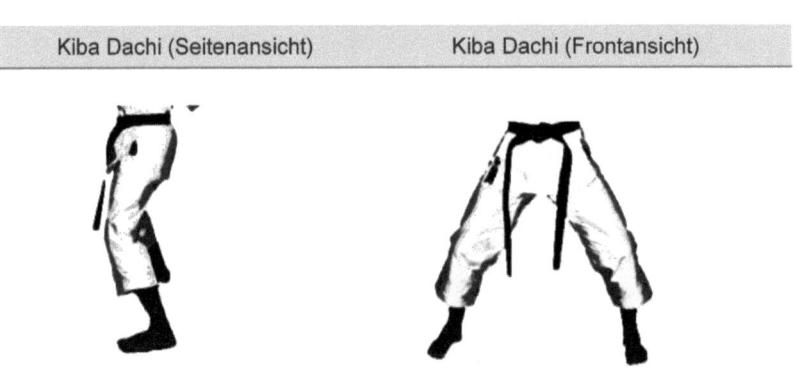

2.4 Hüfteinsatz

Beim Karate ist der Hüfteinsatz am wichtigsten. Die Abwehrbewegungen kommen hauptsächlich aus der Hüfte. Bei allen Verteidigungsstellungen ist die Hüfte abgedreht. Die Stellung mit abgedrehter Hüfte, nennt man Zenkutsu Dachi / Hanmi.

3. Techniken im Karate

3.1 Junzuki (Fausttechniken)

Bei einer Fausttechnik ist der vordere Arm gestreckt und zeigt in die Körpermitte (Chudan-Stufe). Die zweite Faust liegt an der Hüfte. Sobald eine Technik ausgeführt wird, wird die Faust nach vorne gestoßen, während die andere Faust gleichzeitig an die Hüfte gezogen wird. Bei vor und zurückziehen, werden die Fäuste am Ende der Bewegung gedreht, sodass die vordere Faust mit der Innenseite nach unten und die an der Hüfte liegende Faust nach oben zeigt.

Junzuki (Seitenansicht)	Junzuki (Frontansicht)

Merke: Während der Übung ist zu beachten, dass während der beidseitigen Bewegung die Arme eng am Körper geführt werden.

3.2 Zenkutsu Dachi mit Junzuki (Fausttechniken)

Für diese Technik ist die Ausgangsstellung der Zenkutsu Dach. Im Vorgehen der Technik wird das hintere Bein nach vorne gezogen und Schulterbreit abgesetzt. Während der Vorwärtsbewegung wird gleichzeitig die Rechte Faust nach vorne und die Linke Faust nach hinten bewegt. Die Technik wird mit einen Kiai beendet.

Merke: Wenn der Fuß vorne Abgesetzt wird, muss auch die Faust vorne sein.

Bei allen Fausttechniken muss darauf geachtet werden, dass das Handgelenk nicht abgeknickt ist da so Verletzungen auftreten können.

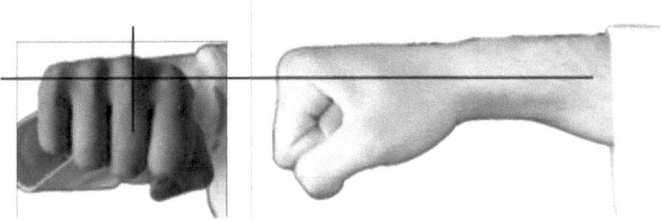

3.3 Zenkutsu Dachi mit Gyakuzuki (Fausttechniken)

Der Gyakuzuki ist der Fauststoß wo der Arm gegenüber vom Bein ausgeführt wird.

Merke: Wenn der Fuß vorne Abgesetzt wird, muss auch die Faust vorne sein.

3.4 Zenkutsu Dachi mit Gedan Barai (Abwehrbewegung)

Der Gedan Barai wir hauptsächlich bei Wendungen durchgeführt. Bei einer Wendung in der Grundschule wird das hintere Bein in doppelter Schulterbreite nach außen abgesetzt, ohne den hinteren Fuß nach vorne zu ziehen. Der Abschluss der Wendung endet mit einem Gedan Barai. Der Gedan Barai wird häufig als Abwehr gegen Fußtechniken verwendet. Um diese Technik erst einmal zu trainieren, übe sie zuvor im Stand und gehe wie folgt vor: Gehe mit den rechten Bein vor in Zenkutsu Dachi und schlage mit dem rechten Arm gleichzeitig Gedan Barai. Der Gedan Barai erfolgt mit dem Unterarm. Die Faust rastet etwa 15 cm über dem vorderen Knie ein.

Merke: Die Abwehr muss nach dem Knie enden.

3.5 Zenkutsu Dachi mit Jodan Uke (Abwehrbewegung)

Um den Jodan Uke zu üben eignet sich diese Technik im Stand zu trainieren. Hierbei ist der linke Arm vorne und die rechte Faust an der Hüfte. Nun wird der rechte Arm außen am linken Unterarm vorbeigeführt. Dabei bilden beide Arme vor dem Körper ein Doppelblock. Nun wird die rechte Faust soweit nach oben gezogen bis er die Stirnhöhe erreicht. Der Unterarm wird etwas schräg nach unten gehalten. Die linke Faust wird zur Hüfte gezogen.

| Jodan Uke | Jodan Uke | Nahansicht |
| (Seitenansicht) | (Frontansicht) | |

Merke: Die Abwehr muss so ausgeführt werden, dass der ganze Kopf geschützt wird. Der Jodan uke muss über dem Kopf enden. Somit ist gegeben, dass der gesamte Kopf geschützt ist. Nur wenn die Abwehr richtig ausgeführt ist, ist man vor Angriffen zum Kopf geschützt.

3.6 Soto Uke (Abwehrbewegung)

Der Soto Uke ist eine Abwehrbewegung zur Körpermitte. Diese Bewegung wir chudan ausgeführt. Der Block wird mit der unteren Muskulatur des Unterarms ausgeführt. Der blockende Arm holt hinter dem Körper aus, anschließend wir der Unterarm nach vorne geschlagen und es wird mit der Außenseite geblockt. Es ist darauf zu achten, dass der Arm so weit nach vorne gebracht wird, dass dieser den gesamten Oberkörper schützt. In der Vorwärtsbewegung wird der Soto Uke immer aus dem Zenkutsu Dachi ausgeführt. Das hintere Bein wird an das Standbein herangezogen und zum Soto Uke ausgeholt, sobald das Bein vorne abgesetzt hat, wird der Block ausgeführt.

Soto Uke	Soto Uke	Nahansicht
(Seitenansicht)	(Frontansicht)	

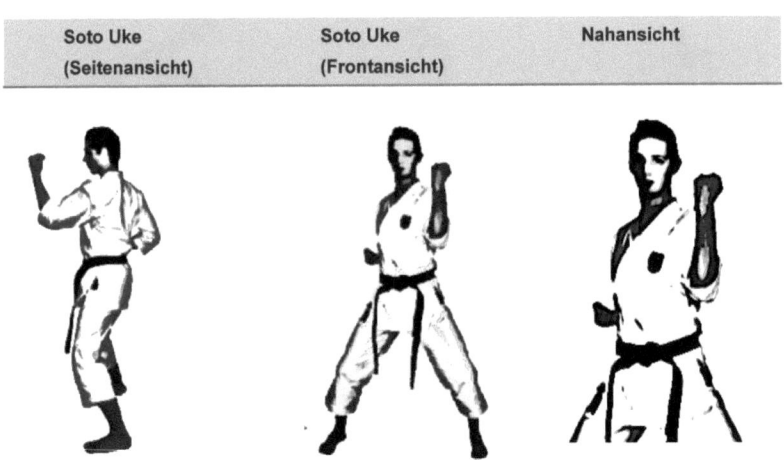

3.7 Shuto Uke (Abwehrbewegung)

Shuto Uke ist eine Handkantenabwehr und kommt als erstes in der Kata Pinan Shodan vor. Die Bewegung der Technik läuft wie folgt ab: die Hand holt mit der Innenseite am Ohr aus und wird von da horizontal nach vorne geschlagen. Der Körper ist dabei abgedreht. Die Technik erfolgt im Kokutsu Dachi. Shuto Uke wird als Abwehrbewegung ausgeführt, kann aber auch als Angriffs Bewegung angewendet werden.

| Shuto Uke (Seitenansicht) | Shuto Uke (Frontansicht) |

3.8 Meageri (Fußtechnik)

Der Meageri ist die erste Fußtechnik im Karate. Alle Fußtechniken Starten aus dem hidari hanmi kamae. Das tretende Bein wird eng am Standbein nach vorne gezogen hierbei zeigt das Knie in Zielhöhe, anschließend wird mit dem Fuß nach oben getreten. Es ist darauf zu achten, das mit dem Fußballen getroffen wird. Das Standbein ist leicht angewinkelt

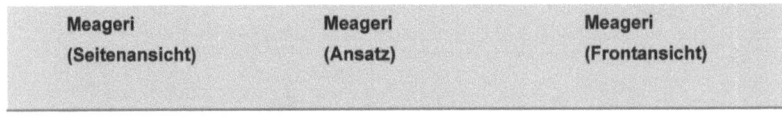

Meageri   **Meageri**   **Meageri**

(Seitenansicht)   **(Ansatz)**   **(Frontansicht)**

3.9 Mawashi Geri (Fußtechnik)

Mawashi Geri wird auch als Halbkreistritt bezeichnet und kommt als erstes bei der Prüfung zum 7. Kyu vor. Das Knie des Trittbeines wird seitlich waagerecht hochgezogen und in der Bewegung schnallt der Unterschenkel nach vorne zum Ziel. Die Technik kann sowohl in den Chudan als in den Jodan Bereich ausgeführt werden. Die Auftrittfläche des Fußes ist der Fußballen. Jodan kann die Technik auch mit den Fußspann ausgeführt werden. Das Standbein muss nach hinten abgedreht werden, da die Kraft hierdurch besser übertragen werden kann.

Mawashi Geri (Seitenansicht)	Mawashi Geri (Ansatz)	Mawashi Geri (Frontansicht)

3.10 Wendung (Mawate) in Zenkutsu Dachi

Die Wendung ist eine Bewegung wo man sich 180 Grad dreht und einen Gegnerischen Angriff abwehrt.

Bei der Mawate Bewegung wird das hintere Bein in doppelter Schulterbreite nach außen abgesetzt, ohne den hinteren Fuß nach vorne zu ziehen. In dieser Bewegung wird gleichzeitig eine Abwehr durchgeführt.

4 Prüfungsprogramm

Nachfolgend als Beispiel ein Prüfungsprogramm mit Abbildungen zur Verdeutlichungen der Techniken. Die Prüfungsprogramme sind den entsprechenden Landes- und Bundesverbänden zu entnehmen.

9. KYU WEISSGURT

KIHON   - Grundschule -

<u>tsuki</u>   *Fausttechniken*

1. junzuki chudan - mawate jodan uke

2. gyakuzuki chudan - mawate gedan I

Richtungen:

hidari = *links*

migi = *rechts*

junzuki chudan

jodan uke

gyakuzuki chudan

gedan barai

<u>keri</u>   *Fußtechniken*

1. maegeri chudan

hidari hanmi kamae

Ansatz meageri

maegeri chudan

25

KIHON   - Grundschule -

tsuki   *Fausttechniken*

1.   junzuki chudan - mawate jodan uke

2.   gyakuzuki chudan - mawate gedan barai

keri   *Fußtechniken*

1.   maegeri chudan

Ansatz mawashigeri   *mawashigeri*   *tobikomizuki*

2.   mawashigeri chudan

meageri chudan - gyakuzuki chudan

meageri chudan - tobikomizuki

RENZOKU WAZA   - Kombinationen –

1.   maegeri chudan - tobikomizuki

2.   maegeri chudan - gyakuzuki chudan

soto - uke   *tsuki*

UKE   - Abwehr -   *(ohne Partner)*

1.   chudan soto - uke / tsuki

    Bemerkung: Die Ausführung erfolgt im Stand

Uschi - uke   *tsuki*

2.   chudan uchi - uke / tsuki

    Bemerkung: Die Ausführung erfolgt im Stand

Kata

1.   pinan nidan

pinan nidan (Sequenzen)

KIHON — Grundschule —

tsuki   Faust

1. junzuki no tsukomi
2. gyakuzuki no tsukomi

junzuki no tsukomi

gyakuzuki no tsukmi

keri   Fuß

1. surikomi maegeri chudan
2. surikomi mawashigeri chudan

surikomi

RENZOKU WAZA — Kombinationen —

1. maegeri chudan - mawashigeri jodan - gyakuzuki chudan
2. maegeri chudan - gyakuzuki jodan - mawashigeri chudan

UKE SANBON KUMITE

1. chudan soto - uke - maegeri / gyakuzuki
2. chudan uchi - uke - empi

chudan soto - uke - maegeri / gyakuzuki

chudan uchi - uke - empi

Kata

1. pinan nidan
2. pinan shodan

pinan shodan (Sequenzen)

shuto uke

KIHON   - tsuki + keri -

1. kette junzuki

2. kette gyakuzuki

3. tobikomizuki

4. sokuto fumikomi

5. sokuto chudan

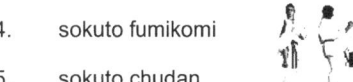

kette junzuki

kette gyakuzuki

Ansatz   *sokuto chudan*   *sokuto fumikomi*

RENZOKU WAZA

1. maegeri chudan - sokuto fumikomi - gyakuzuki chudan

2. maegeri chudan - junzuki jodan - surikomi sokuto chudan

SANBON KUMITE

1. jodan uke - mawashigeri

2. jodan uke - haito

jodan uke - mawashigeri

jodan uke - haito

KATA

1. pinan shodan

2. pinan sandan

Ohyo Kumite

1. ipponme

Ohyo Kumite ipponme

Jiyu Kumite   - freikampf -

pinan sandan (Sequenzen)

KIHON — tsuki + keri —

1. kette junzuki no tsukomi
2. kette gyakuzuki no tsukomi
3. nagashizuki
4. ushirogeri chudan

nagashizuki

ushirogeri chudan

RENZOKU WAZA

1. mawashigeri chudan - ushirogeri gedan - gyakuzuki chudan
2. surikomi sokuto chudan - ushirogeri chudan - uraken jodan

SANBON KUMITE

1. chudan uchi uke - otoshi uke
2. chudan soto uke - maki uke

chudan uchi uke - otoshi uke

KATA

1. pinan sandan
2. pinan yodan

chudan soto uke - maki uke

Ohyo Kumite

1. nihonme

Ohyo Kumite nihonme

Kihon Kumite

1. ipponme

Kihon Kumite ipponme

Jiyu Kumite — Freikampf —

KIHON   - tsuki + keri -

1.   kette junzuki

2.   kette gyakuzuki

3.   kette junzuki no tsukomi

4.   kette gyakuzuki no tsukomi

5.   ushirogeri chudan

6.   maetobigeri jodan

RENZOKU WAZA

1.   surikomi maegeri chudan - nagashizuki jodan - mawashigeri chudan

2.   maegeri chudan - sokuto gedan - ushirogeri chudan - gyakuzuki chudan

SANBON KUMITE

1.   jodan uke - jyuji uke - chudan tsuki

KATA

1.   pinan yodan

2.   pinan godan

jodan uke - jyuji uke - chudan tsuki (gyakuzuki)

jodan uke - jyuji uke - chudan tsuki (junzuki)

Ohyo Kumite

1.   nihonme

2.   sanbonme

Ohyo Kumite sanbonme

Kihon Kumite

1.   ipponme

2.   nihonme

Kihon Kumite nihonme

Jiyu Kumite   - Freikampf -

KIHON   - tsuki + keri -

1. junzuki no tsukomi

2. gyakuzuki no tsukomi

3. tobikomiziki

4. nagashizuki

5. mawashigeri chudan

6. ushiromawashigeri jodan

Jodan uke - chinto uke - tatekenzuki

RENZOKU WAZA

1. surikomi maegeri chudan - mawashigeri chudan - ushirogeri chudan - uraken jodan

2. maegeri chudan - nagashizuki jodan - gyakuzuki chudan - mawashigeri chudan

SANBON KUMITE

1. jodan uke - chinto uke - tateken:

KATA

1. pinan godan

2. naihanchi

Ohyo Kumite

1. sanbonme

2. yonhonme

Ohyo Kumite yonhonme

Kihon Kumite

1. nihonme

2. sanbonme

Kihon Kumite sanbonme

Jiyu Kumite   - freikampf -

Kihon Kumite sanbonme

- Endpostion gedreht -

KIHON — tsuki + keri —

1. kette junzuki no tsukomi
2. kette gyakuzuki no tsukomi
3. sokuto chudan
4. ushirogeri chudan
5. nidangeri jodan

jodan uke - shikkake uke - jodan agezuki - empi

RENZOKU WAZA

1, surikomi maegeri chudan - nagashizuki jodan - mawashigeri chudan

2. zenshinshite jodan / chudan renzuki - surikomi maegeri chudan - mawashigeri chudan - gyakuzuki chudan

SANBON KUMITE

1. jodan uke - shikkake uke - jodan agezuki - empi

Kata

1. naihanchi
2. kushanku

Ohyo Kumite

1. yonhonme
2. gohonme

Ohyo Kumite gonhonme

Kihon Kumite

1. sanbonme
2. yonhonme

Kihon Kumite yonhonme

Jiyu Kumite — freikampf —

Kihon Kumite yonhonme

- Fausthaltung -

KIHON   - tsuki + keri -

1. kette junzuki

2. kette gyakuzuki

3. tobikomizuki

4. nagashizuki

5. mawashigeri chudan   *jodan uke - haisu uke - teisho agezuki (Uchi)*

6. sokuto chudan

RENZOKU WAZA

1. surikomi jodan / chudan renzuki - surikomi maegeri - mawashigeri chudan - ushirogeri chudan - uraken jodan

2. zenshinshite jodan / chudan renzuki - maegeri chudan - nagashizuki jodan - gyakuzuki chudan - mawashigeri

SANBON KUMITE

1. jodan uke - haishu uke - teisho agezuki (uchi)

KATA

1. kushanku

2. eine nach Prüfer Wahl

Ohyo Kumite

1. drei nach Wahl des Prüfers

Kihon Kumite

1. yonhonme

2. gonhonme

3. eine nach Wahl des Prüfers

Kihon Kumtie gohonme

Kihon Kumtie gohonme - variante Wurf -

Jiyu Kumite   - freikampf -

5 Kata

Die Kata ist ein wichtiger Bestandteil im Karate und gehört somit wie Kumite und Selbstverteidigung zu den 4 Säulen. Eine Kata besteht aus mehreren Techniken die aneinandergereiht sind. Diese Techniken werden in Verschiedene Richtungen ausgeführt. Der Ablauf einer Kata ist genau festgelegt. Eine Kata ist ein Kampf gegen viele unsichtbare Gegner die sowohl Abwehr als auch Angriffstechniken beherbergt.

Je nach Stilrichtung gibt es unterschiedlich Ausführungen von Katas. Die Ausführung jedoch kann nur durch häufiges Training zur Perfektion gebracht werden.

6 Kihon Kumite

Im Kihon Kumite gewinnt immer der Verteidiger anders als beim Ohyo Kumite. Insgesamt gibt es 10 unterschiedliche Formen. Im Prüfungsprogramm beginnt dieses meist ab Grün – Blaugurt. Kihon Kumite ist nur in der Stilrichtung Wado-Ryu Bestandteil von Prüfungen. Untenstehend sind zwei Formen vom Kihon Kumite aufgeführt.

ipponme

1   2   3

nihonme

1   2   3

4   5

7 Fragen und Antworten

6.1 Aus welchem Land kommt Karate-Do?

Japan

6.2 Wie kann man den Begriffe KARATE-DO übersetzen?

Karate bedeutet: „leere Hand". Die Silbe DO („Weg") soll das ständige Streben des Karatekas auf dem Weg zur Vervollkommnung des menschlichen Charakters symbolisieren.

6.3 Weshalb machen wir vor und nach einer Partnerübung einen Gruß?

Als Zeichen des Respekts, und zur Begrüßung / Verabschiedung.

6.4 Wie kann man den Begriff DOJO übersetzen?

Ort des Weges, Trainingsraum

6.5 Was bedeutet der Begriff DACHI?

Stand, Fußstellung

6.6 Was bedeutet SENSEI?

Lehrer, Meister.